Anna und Stefan Meetschen

# Mission Immaculata

## Eine Pilgerreise mit Maximilian Kolbe

1. Auflage 2016

Hauptstraße 22, D-88353 Kißlegg
www.fe-medien.de

Gestaltung: Manuel Kimmerle, Kißlegg

Druck: orthdruk, Białystok (Polen)
Printed in EU

ISBN 978-3-86357-157-3

**„Niemand auf der ganzen Welt vermag die Wahrheit zu verändern. Wir können nur eines: sie suchen, sie finden und ihr dienen.“**

Maximilian Kolbe

# Einführung

Er gehört zu den bekanntesten Heiligen der Moderne: der Franziskaner-Minorit Maximilian Kolbe (1894–1941), ein Pole mit deutschem Namen, der im Konzentrationslager von Auschwitz sein Leben für einen Familienvater opferte. Unzählige Straßen und Plätze, Pfarreien und andere religiöse Einrichtungen auf der ganzen Welt sind nach ihm benannt, erinnern an seine Liebestat und sein Martyrium. Doch: So verständlich und angemessen die Würdigung des heroischen Todes von P. Maximilian Kolbe auch ist – oft verdrängt man dabei sein Leben als Ganzes, das geistliche Fundament, das ihm die Kraft zu diesem Opfer gab.

Genau darum – um P. Maximilian Kolbes Leben und seine spirituelle Inspiration – soll es in diesem illustrierten Reiseführer gehen. Beginnend in Zduńska-Wola, seiner bei Lodz gelegenen Geburtsstadt, über Lemberg (Ukraine) und Krakau, Rom und Hrodna (Weißrussland) bis hin nach Nagasaki und schließlich Auschwitz (pl. Oświęcim). Nicht zu vergessen Niepokalanów, die Klosterstadt bei Warschau, die Kolbe gründete und als „Stadt der Immaculata" nach der Jungfrau Maria benannte.

Ohne sie, die Immaculata, die ihm bereits als Kind erschien, hätte das Leben des Jungen aus der Weberfamilie wohl einen völlig anderen, unspektakuläreren Verlauf genommen – ihr strebte er nach, ihr galt sein Tun und Wirken, für sie schien ihm kein Plan zu verwegen, zu gefährlich zu sein. Wie früher im Mittelalter ein Ritter seine Kraft und seine Gaben für die von ihm verehrte Dame einsetzte, so tat Kolbe alles, um die Gnaden der Immaculata auf Erden zur Ausstrahlung zu bringen.

Gnaden, die natürlich vor allem der Verherrlichung Jesu und dem Dienst der katholischen Kirche gelten, dieser mystischen Institution, die schon zu Maximilian Kolbes Lebzeiten heftigen Angriffen ausgesetzt war. Ein Schockerlebnis war es für den jungen Romstudenten 1917, den Aufmarsch der Freimaurer vor dem Vatikan mitzuerleben und Parolen wie „Der Teufel wird im Vatikan regieren und der Papst wird ihm als Schweizergardist dienen" zu registrieren.

Maximilian Kolbe verharrte damals vor 100 Jahren aber nicht in einer Schockstarre. Er reagierte mit beherzter, praktischer Theologie: „Die Unbefleckte Jungfrau Maria", erklärte er einem Mitbruder, „hat den Kopf Satans zertreten; durch sie werden die Häresien der Zeit überwunden. Wenn wir uns in einem heiligen Feldzug gegen das Toben des Bösen vereinigen, in einer Miliz, der es gelänge, die Feinde für die Sache Gottes zu gewinnen – sie müssten vom Banner des Teufels zu dem der Immaculata überschwenken –, dann würde der Satan in trister Vereinsamung verkümmern. Die Immaculata will ihren Sieg über die Dämonen fortsetzen. Um diesem Sieg imponierende Züge aufzuzeichnen, will sie uns in ihren Dienst nehmen, uns schwache und im Grunde nicht sonderlich geeignete Werkzeuge."

Diese „Miliz" gründete Maximilian Kolbe zusammen mit sieben Franziskaner-Minoriten am 17. Oktober 1917 – die sogenannte „Militia Immaculatae". Eine Vereinigung, die weltweit mittlerweile mehr als 4 Millionen Mitglieder zählt. Geistliche, Ordensschwestern und Laien gehören ihr an. Menschen, die sich mithilfe des Rosenkranzes und der Wunderbaren Medaille, die das Bild der Mittlerin aller Gnaden trägt, im Geiste von P. Maximilian dafür einsetzen, dass „die Feinde" der Kirche für „die Sache Gottes" gewonnen werden.

Dass dies nicht immer leicht ist, versteht sich von selbst. Auch P. Maximilian Kolbe hatte, wie dieser Reiseführer beispielsweise anhand des Kurortes Zakopane oder des abgeschiedenen Städtchens Nieszawa deutlich macht, stets mit großen Schwierigkeiten zu kämpfen – meist gesundheitlicher Natur, aber auch organisatorischer und finanzieller. Der Orden machte ihm das Wirken nicht immer leicht. Oft fehlte es an Verständnis oder auch nur einfach an Geld für seine Projekte – doch Maximilian Kolbe ließ sich von Spott oder Kritik nicht beirren. Entschieden ging er den Weg des Presseapostolats („Ritter der Immaculata", „Kleine Zeitung") weiter. Im Gehorsam gegenüber der Ordensleitung, in Härte gegen sich selbst und im unendlichen Vertrauen auf die Hilfe der Gottesmutter. Die „Mission Immaculata" duldete keine Verzagtheit.

Auch die Konfrontation mit dem Bösen in Person der Nazis und der Wehrmacht trübte nicht die Hoffnungen und himmlischen Erwartungen P. Maximilian Kolbes. „Wenn die Leiden noch ferne sind, dann sind wir schnell zu allem bereit", erklärte er den Mitbrüdern im Herbst 1939. „Aber jetzt, wo wir mitten im Leide stecken, müssen wir möglichst viele Seelen retten. Lasst uns der Immaculata recht viele, möglichst viele Seelen gewinnen."

Völlig erklären und verstehen lässt sich eine solche innere Standfestigkeit der Liebe und des Vertrauens, die Kolbe auch in Auschwitz nicht verließ, wohl nur im Glauben. Diese Standfestigkeit war es, die P. Maximilian Kolbe dazu antrieb, im Sommer 1941 „das Lebensrecht eines unschuldigen Menschen" (Papst Johannes Paul II.) zu verteidigen, indem er aus der Reihe trat und sein eigenes Leben anbot. Ein Akt der Liebe, der selbst diejenigen sprachlos machte, deren Tun ansonsten auf Hass und Brutalität gründete.

Im Sommer dieses Jahres, am 14. August 2016, jährt sich der Tod P. Maximilian Kolbes zum 75. Mal. In Niepokalanów stehen ebenso wie in ganz Polen viele Feierlichkeiten zu Ehren dieses großen Heiligen auf dem Programm. Auch in den deutschsprachigen Ländern gibt es viele Gläubige, die P. Maximilian Kolbe als marianischen Bekenner und Märtyrer verehren. Möge dieser Reiseführer dabei helfen, dass sich noch mehr Menschen auf den Pilgerweg machen, zu dem Kolbe anstiften wollte. Ein Pilgerweg der schöpferischen Liebe und der Versöhnung. Die „Mission Immaculata" bleibt möglich, auch dort, wo sie zunächst unmöglich erscheint.

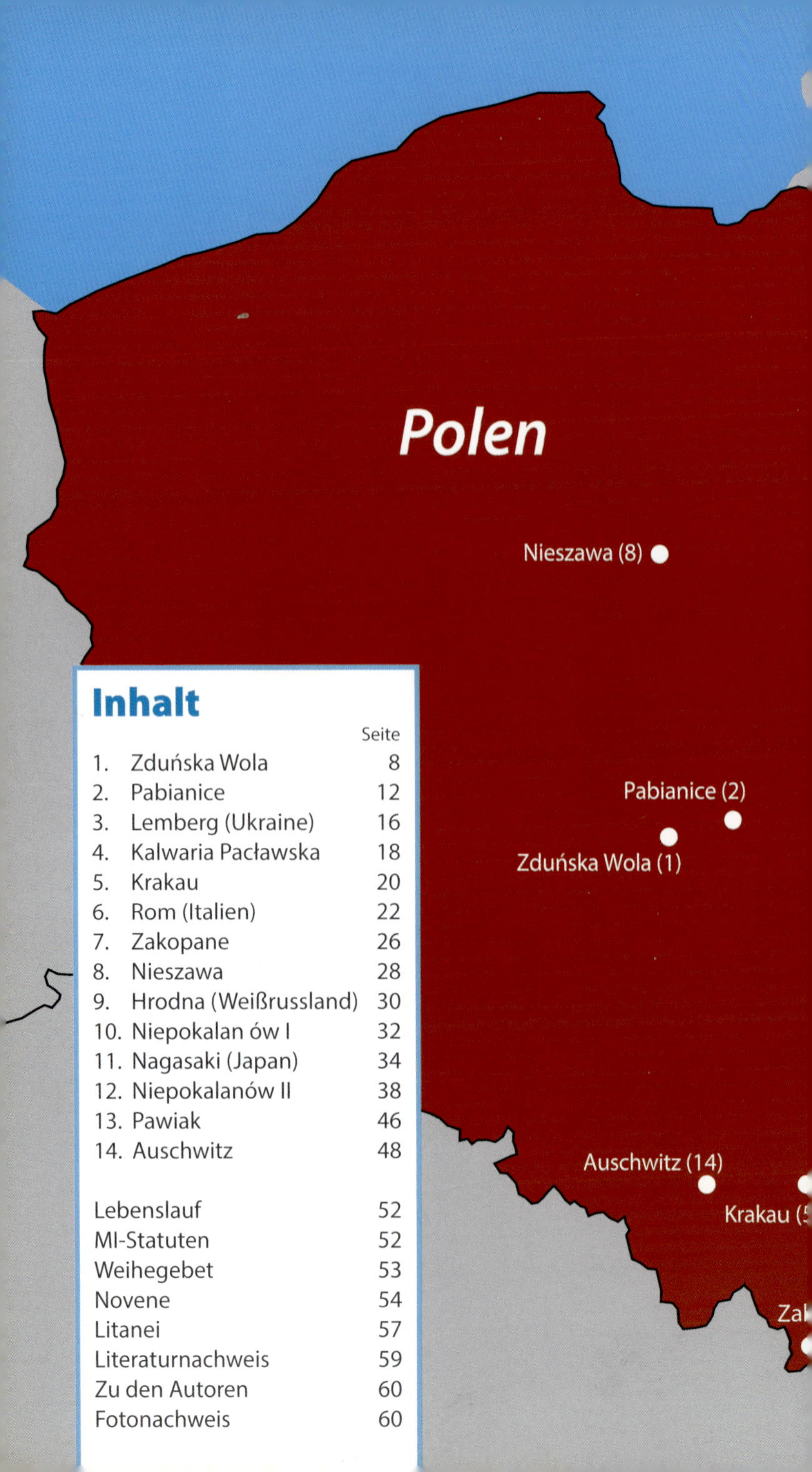


## Inhalt

Hrodna (9)
Weißrussland
Pawiak (13)
iepokalanów (10,12)
Ukraine
Lemberg (3)
Kalwaria Pacławska (4)
)

# Zduńska Wola
## Polen

In Zduńska Wola, einer kleinen Stadt in der polnischen Provinz Lodz (Łódź), kommt am 8. Januar 1894 Raimund Kolbe zur Welt. Seine Eltern, Marianna und Julius Kolbe, sind zum Zeitpunkt seiner Geburt bereits seit drei Jahren verheiratet und arbeiten als Weber. Das ist in Zduńska Wola nichts Ungewöhnliches. Ende des 19. Jahrhunderts leben dort viele Weber, die ihre hausgemachten Stoffe an Geschäftsleute aus Lodz verkaufen. Die Lebensbedingen der Weber sind schwierig, denn sie werden von den reichen Käufern unter Wert bezahlt, sodass sie oft nur ein bescheidenes Auskommen haben. Dem Ehepaar Kolbe ergeht es nicht anders. Marianna und Julius Kolbe verlieren trotz dieser Schwierigkeiten aber nie den Mut. Der katholische Glaube schenkt ihnen Kraft und Zuversicht. Der kleine Raimund hat einen älteren Bruder namens Franz (1892–1945). Nach ihm werden der Familie Kolbe drei weitere Söhne geschenkt, aber nur einer von diesen später Geborenen, Joseph, überlebt die Kindheit. Die Familie Kolbe lebte in Zduńska Wola in einer Wohnung in einem zweistöckigen Holzhaus.

Wenn man das Haus, das heute als Museum dient und neu eingerichtet wurde, betritt, so fällt einem die altertümliche Küche und eine kleine Weberei auf. An solchen Geräten arbeiteten Julius und Marianna Kolbe, die nebenher noch als Hebamme tätig war und einen Krämerladen betrieb, zusammen mit einem Gesellen und zwei Helfern sechs Tage in der

Woche. Vier Webstühle waren ihr Eigentum. Geht man die Treppe hinauf zum ersten Stock, so gelangt man zu einem Schlafzimmer mit kleinem Altar, ein Zeichen der religiösen Prägung der Familie. Die Straße, an der sich das Haus befindet, nannte man damals die Browarna-Straße 9, heute heißt sie – dem großen Heiligen und Märtyrer zu Ehren – Hl. Maximilian-Kolbe-Straße 9 (ul. Św. Maksymiliana Marii Kolbego 9).

Wenige Stunden nach der Geburt – es war ein eiskalter Winternachmittag – wurde Raimund Kolbe in der Mariä-Himmelfahrt-Kirche (ul. Kościelna 20) getauft. In dieser Kirche hatten auch seine Eltern geheiratet. Nach der Taufe wurde in der Sakristei der Taufschein ausgefüllt – in russischer Sprache! Zduńska Wola gehörte zu dem Teil Polens, der damals unter russischer Besatzung stand. Dies bedeutete nicht nur, dass die offizielle Sprache bei den Behörden und in den Schulen Russisch war, es bedeutete auch, dass das religiöse Leben der polnischen Katholiken unterdrückt wurde. Mehr als in den anderen beiden Besatzungsgebieten Polens: dem preußischen und dem österreichischen Teil. Am 18. August 1907 wurde Raimund zusammen mit seinem Bruder Franz in der Mariä-Himmelfahrt-Kirche das Sakrament der Firmung gespendet; aus den Händen von Bischof Stanisław Zdzitowiecki.

# Pabianice

## Polen

Marianna und Julius Kolbe bemühen sich, aber es ist nicht leicht, von der Hausweberei zu leben. Zumal es mit wachsender Kinderzahl immer enger in der Wohnung wird. 1895 ziehen sie nach Lodz, wo im Januar 1896 Joseph Kolbe (der spätere Pater Alfons Kolbe OFMConv) zur Welt kommt. Doch die Familie bleibt nur ein Jahr in Lodz: Die schlechte Luft in dieser großen Fabrikstadt und die schlechte Gesellschaft, in welche die Kinder dort geraten können, missfallen Marianna und Julius Kolbe. Sie entscheiden, nach Pabianice zu ziehen. Eine Stadt nicht weit von Lodz entfernt, aber kleiner. Ihr erstes und zweites Heim in Pabianice finden sie im Stadtteil Jutrzkowice (ul. Jutrzkowicka 16 und 129). Sie haben dort kleine Gärten, wo die Eltern Gemüse anbauen, das sie in einem Krämerladen zum Verkauf anbieten, während Julius Kolbe weiter als Weber arbeitet. Die Kinder der Familie Kolbe können in Pabianice in relativ frischer Luft spielen. In Pabianice-Jutrzkowice kommt der vierte Sohn, Walenty, zur Welt, der aber nur ein Jahr lebt, und der fünfte Sohn, Antonius, der vier Jahre alt wird. Nach seiner Geburt entscheiden Marianna und Julius Kolbe auf Mariannas Wunsch hin, in ehelicher Keuschheit zu leben.

1903 müssen die Kolbes ihren Laden wegen schwieriger wirtschaftlicher Verhältnisse schließen. Julius Kolbe bekommt eine Stelle in der Textilfabrik „Kruscher & Ender“ in Pabianice. Die Familie zieht in eine Wohnung in der Fabryczna-Straße (ul. Waryńskiego 33).

Für eine kurze Zeit wohnt die Familie Kolbe dann in einem Mietshaus in der Konstantynowska-Straße (ul. Konstantynowska 19), wo sie ein Zimmer mit Küche im zweiten Stock hat. Im Garten hinter dem Haus pflanzt Raimund, der früh durch eine gewisse Eigenwilligkeit auffällt, kleine Bäume.

Zwei Jahre später, im Jahr 1905, zieht Familie Kolbe sehr wahrscheinlich in eine Wohnung in der Złota-Straße (ul. Św. M. Kolbego 5), weil diese näher zur Fabrik liegt. Obwohl sich an der Wand des Gebäudes eine Erinnerungstafel befindet, gibt es aber auch Stimmen, die behaupten, dass die Familie Kolbe nie in diesem Haus gewohnt habe. Ein Wohnungswechsel mehr oder weniger – fest steht, dass der kleine Raimund Kolbe als Kind ein ziemlich unstetes Leben führen muss. Immer mit der Familie unterwegs, ohne richtig feste Bleibe.

# Pabianice
Polen

Als Raimund elf Jahre alt ist, bereitet er sich zusammen mit seinem Bruder Franz auf die Erstkommunion vor, die er am 29. Juni 1905 im Alter von dreizehn Jahren in der St.-Matthäus-Kirche in Pabianice (Stary Rynek 22) empfängt. Dies schreibt jedenfalls der Maximilian Kolbe-Experte Claude E. Foster in seinem lesenswerten, leider nur teilweise ins Deutsche übersetzten Maximilian-Kolbe-Buch „Rycerz Maryi" (Der Ritter Mariens, S. 29), während andere Biografen den 29. Juni 1902 als Datum nennen. Vermutlich hat Foster recht, denn anders als heute war es Kindern damals erst ab dem 10. Lebensjahr möglich, zur Erstkommunion zugelassen zu werden. 1902 wäre also zu früh gewesen für den kleinen Raimund Kolbe.

Früh, aber offenbar nicht zu früh spielt sich eine mystische Szene in der St.-Matthäus-Kirche ab. Im linken Längsraum der Kirche, dort, wo sich der Altar der Gottesmutter vom Sieg befindet, erscheint Klein Raimund eines Tages, während er betet, die Jungfrau Maria. Er erzählt seiner Mutter von diesem Ereignis. Nicht ohne Grund. Hat sie den Jungen mit ihrer zuvor geäußerten Frage („Mein armes Kind, was soll aus dir bloß werden?") zur handfesten geistigen Selbstprüfung inspiriert. In einem Brief vom 12. Oktober 1941, also unmittelbar nach dem Tod ihres Sohnes, hat Marianna Kolbe niedergeschrieben, was dieser ihr damals als Kind mitgeteilt hat: „Als die Mutter

mich fragte, was nur aus mir werden solle, habe ich die Gottesmutter eindringlich gebeten, dass sie mir sage, was aus mir werden wird. Und dann, als ich in der Kirche war, habe ich sie noch mal gebeten. Da zeigte sich mir die Gottesmutter, die in der Hand zwei Kronen hielt: eine weiße und eine rote Krone. Sie schaute mich mit Liebe an und fragte, ob ich diese Kronen wolle. Die weiße bedeutet, dass ich an der Keuschheit festhalten werde, und die rote, dass ich ein Märtyrer werde. Ich habe geantwortet, dass ich dies wolle … Dann blickte die Gottesmutter voll Güte auf mich und verschwand" *(Archiv Niepokalanów).*

Anfangs erhält der kleine Raimund Kolbe zu Hause Unterricht von seinen Eltern. Dann besucht er für einige Zeit die Grundschule in der Skromna-Straße (ul. Ks. Wyszyńskiego), eine Schule speziell für die Kinder von Arbeitern.

Ein aufmerksamer Apotheker, Herr Kotowski, der Raimunds Intelligenz erkannt hat, lehrt ihn darüber hinaus die lateinische Sprache. Dank dieser Vorbereitung besteht Raimund im Jahr 1906 die Aufnahmeprüfung zur Handelsschule in der Długa-Straße (ul. Pułaskiego 14), auf welcher er in einer Klasse mit seinem Bruder Franz ist.

Nach dem Unterricht, der um 16 Uhr endet, singen die drei Brüder zusammen im Knabenchor der Kirche der Gottesmutter vom Rosenkranz (ul. Zamkowa 39).

# Lemberg
## Ukraine

Im Frühjahr des Jahres 1907 kam der Provinzial des Ordens der Franziskaner-Minoriten (OFMConv) in Galizien, Pater Peregryn Haczela, nach Pabianice, um dort im Rahmen der bis heute in Polen üblichen Volksmission zu predigen. Raimund und sein Bruder Franz waren so fasziniert von Haczelas Predigten, dass sie sofort in das Franziskaner-Gymnasium in Lemberg (in der heutigen Ukraine) eintreten wollten, um selbst Franziskaner zu werden. Die Aufnahme auf diese Schule war aber nicht so einfach, denn die beiden mussten erst einmal die Handelsschule beenden. Nach dem Ende des Schuljahres, im September 1907, machten sich der 15-jährige Franz und der 13-jährige Raimund Kolbe gemeinsam auf den Weg nach Lemberg, das sich im österreichischen Besatzungsgebiet befand. Immerhin eine Entfernung von 600 km von Pabianice aus. Der Vater, Julius Kolbe, begleitete die Söhne bis nach Krakau, wo er sie ins dortige Kloster der Franziskaner brachte. Mit einem Franziskanerpater fuhren sie weiter nach Lemberg und erreichten die Stadt passend zum Schulbeginn. Raimund integrierte sich schnell in das neue Milieu. Er war fleißig und wissbegierig. Schnell zeigte sich bei ihm ein gewisses mathematisches Talent. Im Jahr 1908 zog Marianna Kolbe mit der Zustimmung ihres Mannes nach Lemberg, um ihren Söhnen näher zu sein. Im Konvent der Benediktinerinnen konnte sie wohnen. Mit dabei hatte sie den jüngsten Sohn Joseph. Am 4. September 1910 begann Raimund das Noviziat im Orden der Franziskaner-Minoriten in Lemberg. Er erhielt den Namen „Maximilian". Am 5. September 1911 legte Maximilian die zeitlichen Gelübde ab. Am 4. Juli 1912 bestand er das Abitur (vgl. Foster, S. 66). Heute sind das damalige Kloster der Franziskaner-Minoriten und die daneben liegende Kirche in Besitz der Adventisten (вул. Короленка 1).

ЦЕРКВА
ХРИСТИЯН

# Kalwaria Pacławska
Polen

Gleich nach dem Abitur fuhr Maximilian zusammen mit seinem Bruder Franz, der inzwischen auf den Ordensnamen Valerian hörte, für die Sommerferien nach Kalwaria Pacławska (Kalwaria Pacławska 40). Der Ort, der im Karpatenvorland auf einem 465 Meter hohen Berg liegt, bietet noch heute einen fantastischen Ausblick auf schöne Landschaften und – nicht unwichtig – jede Menge frische Luft. Dazu kann man in dieser Klosterstadt der Franziskaner-Minoriten die Kirche bewundern, in der sich das wundertätige Bild der Madonna vom Kalvarienberg befindet, das bis heute viele Pilger anzieht. Zum baulichen Gesamtkomplex, der im 18. Jahrhundert errichtet wurde, gehören auch ein 1,5 km langer Kreuzweg, der durch malerische Berge und Täler führt, sowie 42 Kalvarienberg-Kapellen. In Kalwaria Pacławska lernte Maximilian Kolbe den Franziskanerbruder Wenanty Katarzyniec (1889–1921)

kennen, der heute als Diener Gottes verehrt wird. Maximilian war beeindruckt von der heiligmäßigen Ausstrahlung dieses Mannes.

# Krakau
Polen

Nach den Sommerferien, im September 1912, setzten Maximilian und sein Bruder die Ausbildung fort – im Priesterseminar der Franziskaner-Minoriten in Krakau (Pl. Wszystkich Świętych 5) fort. Die Kirche des hl. Franziskus von Assisi, die zum Kloster gehört, ist eine der ältesten Kirchen in Krakau. Sie stammt aus dem 13. Jahrhundert und zieht bis heute gerade wegen der fünf Glasfenster, die von dem berühmten polnischen Dramatiker und Künstler Stanisław Wyspiański geschaffen wurden, viele Touristen an. Als Maximilian Kolbe nach Krakau kam, traf er im Kloster seinen Vater, der dort inzwischen als Gärtner und Handwerker arbeitete. Man erkennt darin die recht erstaunliche Wohn- und Lebenskultur der Familie Kolbe, zumal Marianna Kolbe weiterhin in Lemberg wohnte, wo der jüngste Sohn, Joseph, die Schule beenden sollte. Maximilian blieb nur zwei Monate in Krakau, weil der Rektor des Priesterseminars, P. Czesław Kellar, sieben Studenten auswählte, um sie für das weitere Studium nach Rom zu schicken. Unter diesen war Maximilian.

Nach der Abreise Maximilians nach Rom verließ auch Julius Kolbe das Kloster, um in Tschenstochau einen Laden mit Devotionalien und Büchern zu eröffnen. Damit nicht genug der religiösen Familienodyssee: Ein Jahr später nämlich zog Marianna Kolbe nach Krakau, um sich im Kloster der Felizianerinnen (Schwestern vom hl. Felix von Cantalice) niederzulassen, wo sie als Pförtnerin diente. Sie blieb dort bis zum ihrem Tod im Jahr 1946.

Maximilian Kolbe kehrte im Juli 1919 nach Krakau zurück und blieb dort mit Unterbrechungen bis zum Oktober 1922. Während dieser Zeit unterrichtete er im Priesterseminar der Franziskaner-Minoriten im Fach Kirchengeschichte. Hier in Krakau war es aber auch, wo im Januar 1922 die erste Nummer der Zeitschrift „Ritter der Immaculata“ (Rycerz Niepokalanej) gedruckt wurde. Diese Zeitschrift diente als Verbindungsmedium für die Mitglieder der Vereinigung „Militia Immaculatae“ (M. I., Miliz der Immaculata), die Maximilian Kolbe in Rom gegründet hatte. Die Zeitschrift hatte dazu aber auch eine eindeutig missionarische Ausrichtung. Der Anfang war recht bescheiden. Die Erstauflage betrug lediglich 5000 Kopien.

In einem Artikel wurde das Ziel der neuen Zeitschrift so dargestellt: „Das Ziel des ‚Ritters der Immaculata‘ besteht nicht nur darin, den Glauben zu vertiefen und zu stärken, die wahre Askese zu zeigen und die Gläubigen mit der christlichen Mystik vertraut zu machen, sondern auch darin, sich im Sinne der Prinzipien der M. I. um die Bekehrung der Aber-Katholiken zu bemühen. Der Ton der Zeitschrift wird stets allen gegenüber freundlich sein, ohne Unterscheidung des Glaubens und der Nationalität. Die Liebe, welche Christus gelehrt hat, wird ihren Charakter prägen.“ „Aber-Katholiken“ – damit meinte Maximilian Kolbe solche Katholiken, die zwar getauft sind und regelmäßig zur hl. Messe gehen, jedoch bei vielen Idealen und Grundsätzen der Kirche ein „aber“ einwenden, weil sie dem bürgerlichen Alltagsdenken allzu verhaftet sind.

# Rom
Italien

Ende Oktober 1912 kam Maximilian Kolbe nach Rom, wo er zusammen mit anderen Seminaristen im „Seraphicum", dem Studienhaus der Franziskaner-Minoriten, am Fuße des Palatins wohnte (Via San Teodoro 42).

Am 10. November 1912 nahm er das Philosophiestudium an der Päpstlichen Universität „Gregoriana" auf (Piazza della Pilotta 4), wo er sich am 22. Oktober 1915 in Philosophie promovierte. Die Universität, die vom hl. Ignatius von Loyola bereits im 16. Jahrhundert gegründet wurde, erfreut sich bis heute eines ausgezeichneten Rufes.

Im November 1915 begann er an der Päpstlich-Theologischen Fakultät „San Bonaventura" das Theologiestudium, das er 1919 mit der Erlangung des Doktorgrades abschloss. Die Fakultät befand sich damals im gleichen Gebäude wie das Studienhaus der Franziskaner-Minoriten. Heute befindet sich das Studienhaus in der Via del Serafico 1, während sich in der Via San Teodoro 42 das nach Maximilian Kolbe benannte Franziskanerkloster befindet.

Im ersten Stock des jetzigen Klosters kann man die Kapelle, wo Maximilian Kolbe am 1. November 1914 in Anwesenheit von Pater Domenico Tavani, dem damaligen Generalvikar des Ordens, die ewigen Gelübde ablegte und als zweiten Ordensnamen den Namen „Maria“ annahm. In dieser Kapelle hatte Kolbe Anfang 1917 eine wichtige „Eingebung“ (Br. Andreas Murk): Er erkannte die Notwendigkeit, eine „marianische Vereinigung“ zu gründen. Wichtig für diese Erkenntnis war der Umstand, dass Maximilian Kolbe im gleichen Jahr eine kirchenfeindliche Demonstration der Freimaurer vor dem Vatikan erlebt hatte. Am 16. Oktober 1917 gründete Maximilian Kolbe zusammen mit sechs seiner Mitbrüder die „Militia Immaculatae“ als ritterliche Antwort auf die Logen.

In den Zimmern, wo sich die ersten MI-Mitglieder trafen, befindet sich heute ein kleines Museum. Man kann dort eine Figur der Immaculata und andere persönliche Dinge Maximilian Kolbes aus seiner römischen Studienzeit besichtigen.

# Rom
Italien

Während seines Aufenthaltes in Rom erfuhr Maximilian Kolbe, dass sein Vater seit dem Anfang des Ersten Weltkriegs als verschollen galt. Vermutlich wurde er von der russischen Armee getötet. Es war für die Polen, die für drei Besatzungsmächte kämpfen mussten, ein äußerst verwirrender Krieg, zumal sie durch die Kampfhandlungen gegeneinander aufgestellt wurden. Maximilian Kolbes Landsleute hofften aber, dass der Krieg zur Freiheit und Unabhängigkeit ihrer Heimat führen würde. Franz („Valerian") Kolbe, der ältere Bruder von Maximilian, trat wegen des Krieges aus dem Orden aus, um sich den Kämpfenden anzuschließen. Bald wurde er verletzt und kam ins Lazarett. Vom Orden wurde er nicht wiederaufgenommen. 1917 heiratete er eine Frau aus Lublin. Maximilians jüngerer Bruder Joseph wurde im September 1915 in den Orden der Franziskaner-Minoriten in Lemberg aufgenommen. Er nahm den Namen Alfons an.

Am 28. April 1918 wurde Maximilian Kolbe in der Kirche Sant'Andrea della Valle, der Mutterkirche des Theatinerordens, zum Priester geweiht (Corso Vittorio Emmanuele II/ Piazza Vidoni 6). Die Kirche stammt aus dem 16. Jahrhundert und ist bekannt für ihre verschiedenen Kapellen. So etwa die Cappella Ginetti, die von Carlo Fontana errichtet wurde, die Cappella Strozzi, in der sich eine Bronzekopie der Pietà von Michelangelo befindet, oder die Cappella Barberini mit den Skulpturen von Pietro Bernini, dem Vater des berühmten Barockarchitekten und Bildhauers Gian Lorenzo Bernini.

Am nächsten Tag feierte Pater Maximilian Kolbe seine Primizmesse in der Kirche Sant'Andrea delle Fratte (Via di S. Andrea delle Fratte 1). In der Kirche also, an dem im Jahr 1842 die Gottesmutter Alphonse Ratisbonne erschienen ist. Diese Barockkirche wurde im 17. Jahrhundert nach einem Projektplan von Francesco Borromini gebaut. Sie enthält zwei Engelfiguren, gestaltet von Gian Lorenzo Bernini, welche die Symbole der Passion (Dornenkrone, Kreuzinschrift) tragen.

So erfolgreich die römische Studienzeit auch war, getrübt wurde der Aufenthalt durch eine Tuberkuloseerkrankung. Maximilian Kolbe musste ein paar Wochen im Bett verbringen. Die Folgen der Krankheit blieben und entwickelten sich im Laufe der Zeit immer bedrohlicher. Im Juli 1919 verließ Maximilian Kolbe die Ewige Stadt und kehrte nach Krakau zurück. Der Krieg war zu Ende. Polen frei und unabhängig.

# Zakopane
## Polen

Die enorme Arbeitsbelastung, unter welcher Maximilian Kolbe in Krakau stand, weil er sehr eingebunden war in die Seminar- und M. I.-Aufgaben, war ein Grund dafür, dass die Tuberkulose ihn schon bald erneut attackierte. Starkes Fieber, heftige Hustenattacken mit Blut – die körperlichen Abwehrkräfte des jungen Priesters gelangten an ihre Grenzen. Ab dem Sommer 1920 begab sich Pater Maximilian Kolbe nach Zakopane, dem schon damals berühmten polnischen Kurort im Tatra Gebirge, der heute besonders den Skispringfans vertraut ist. Dort sollte sich Kolbe in einem Sanatorium pflegen lassen. Er wohnte im Kloster der Herz-Jesu-Schwestern im Stadtteil Łukaszówki (ul. Jana Pawła II 1)

in einem Zimmer im zweiten Stock, nah zur Prachtstraße Krupówki, auf der heute die Touristen flanieren oder attraktive Restaurants und Cafés aufsuchen. Zur Therapie gehörte langes Liegen auf der Terrasse sowie Spaziergänge durch die naheliegenden Täler, entlang des Gubałówka-Berges. Doch man darf sich diesen Aufenthalt nicht als reines Wellnessprogramm vorstellen, diente Maximilian Kolbe doch zeitgleich als Krankenhausseelsorger. Da Zakopane zur damaligen Zeit den zweifelhaften Ruf einer atheistischen Stadt genoss, gab es für Maximilian Kolbe ausreichend Gelegenheit, mit anderen Patienten eine Art theologischen Disput zu führen. Besonders gern verteilte er – immer im Dienst der Immaculata – die „Wundertätigen Medaillen“, deren Trägern von der Jungfrau Maria viele Gnaden verheißen worden sind. Außerdem schrieb er viele, zum Teil sehr lange Briefe an seine Vorgesetzten, an frühere römische Kommilitonen sowie an Mitglieder der M. I. Es fiel ihm schwer, loszulassen, sich nicht um die weitere Organisation der allmählich wachsenden Vereinigung zu kümmern. Acht Monate blieb Maximilian Kolbe in Zakopane. Später – in den Jahren 1926, 1936 und 1937 – kehrte er aufgrund seiner angegriffenen Gesundheit erneut an diesen Kurort zurück.

# Nieszawa
Polen

Vom Mai bis zum November 1921 verbrachte Maximilian Kolbe seine Genesungszeit in Nieszawa, das sich in der Region Kujawien-Pommern befindet. Er wohnte dort in einem Franziskanerkloster aus dem 17. Jahrhundert (ul. Św. Maksymiliana Marii Kolbego 1). Zu diesem Barockkloster gehört die Kreuzerhöhungskirche, die sehr bescheiden eingerichtet ist und aus dem 18. Jahrhundert stammt. Mehrmals fiel sie in der Geschichte dem Feuer zum Opfer.

Der Gesundheitszustand Kolbes war so schlecht, dass viele seiner Mitbrüder mit seinem baldigen Tod rechneten. Tatsächlich breitete sich zu der Zeit, als Maximilian Kolbe in Niesza-

wa weilte, die Nachricht aus, dass er gestorben sei. Italienische Franziskaner feierten bereits das Requiem für ihn und verfassten einen Nachruf. Pater Maximilian konnte die Nachricht nur dementieren. Doch während seines Aufenthaltes in diesem schönen Dorf an der Weichsel erreichte ihn auch eine positive Nachricht. Sein jüngerer Bruder war zum Priester geweiht worden: Pater Alfons Kolbe.

# Hrodna
## Weißrussland

Es kam der Zeitpunkt, als die Franziskaner in Krakau die Räume, welche der Redaktion des „Ritters der Immaculata" zur Verfügung standen, für andere Zwecke nutzen wollten. Maximilian Kolbe musste also schnell ein Ausweichquartier für seine publizistisch-missionarische Produktionsstätte suchen. Wie es der Zufall wollte, wurde zeitgleich die zum Kloster der Franziskaner-Minoriten gehörende Schule in Hrodna (damals in Polen, heute in Weißrussland) geschlossen, sodass dort viele leere Räume zur Verfügung standen. Im Oktober 1922 begab sich Maximilian Kolbe nach Hrodna – nur mit einem Koffer in der Hand. Das Barockkloster aus dem 17. Jahrhundert befindet sich mit der Kirche auf dem Marktplatz (ул. Чырвонапартызанская 1–2).

So wie die M.I. wuchs auch die Zahl der Leser, welche den „Ritter der Immaculata" abonnierten. Das verlangte mehr Arbeit, mehr Organisation, mehr Technik. Doch die Arbeitsbedingungen in Hrodna waren dürftig. Da half es auch nicht viel, dass P. Maximilian eine Druckmaschine organisierte – die in Hrodna zur Verfügung stehenden Räume waren bald schon zu wenig und zu klein.

Der Umstand, dass manche Tätigkeiten auf den Fluren und in dunklen, ungeheizten Räumen ausgeübt werden mussten, führte dazu, dass die Mitbrüder, die Maximilian Kolbe bei der Verwirklichung seines Apostolats halfen, häufig krank waren.

Umso erstaunlicher, dass viele Kandidaten der Franziskaner-Minoriten damals das Noviziat mit der ausdrücklichen Bitte antraten, an P. Maximilian Kolbes Seite arbeiten zu dürfen. Im Dezember 1925 kam Maximilians Bruder, P. Alfons Kolbe, nach Hrodna, um Maximilian beim sogenannten „Der kleine Ritter der Immaculata“ (Rycerzyk Niepokalanej) – der Zeitschrift für Kinder – zu helfen. Die Produktion florierte. 1925 erteilte Papst Pius XI. der Unternehmung sogar seinen Apostolischen Segen.

# Niepokalanów I
Polen

Maximilian Kolbe weiß, dass die Produktionsbedingungen in Hrodna auf die Dauer keine Lösung sind. Ein anderes Kloster, eine bessere Infrastruktur sind nötig. 42 Kilometer westlich von Warschau in der Ortschaft Teresin wäre ein geeignetes Grundstück, doch die Verhandlungen mit dem Besitzer, Fürst Jan Drucki-Lubecki, gestalten sich schwierig.

Maximilian Kolbe gibt nicht auf. Am 6. August 1927 stellt er auf dem 28.000 Quadratmeter umfassenden Grundstück eine Statue der Immaculata auf. Und das Wunder geschieht: Der Fürst, offenbar sehr beeindruckt von Maximilians Charisma und visionärer Kraft, überlässt ihm das Land umsonst. Nur für das Seelenheil des Fürsten sollen die Franziskaner-Minoriten beten.

Im Nu errichten die Ordensbrüder mit Hilfe der Einwohner des Ortes eine Holzkapelle, Wohn- und Schlafräume sowie eine Druckerei. Bereits im Herbst 1927 erhält die Ordensgemeinschaft von Niepokalanów (dt. Stadt der Immaculata) den Status eines Konvents (ul. M. Kolbego 5, Teresin).

P. Maximilian Kolbe ist der Prior (Obere) der 20-köpfigen Gemeinschaft. Sein Bruder, Alfons Kolbe, neben ihm der einzige Priester. Die Entwicklung der neuen Klosterstadt erfolgt weiter in rasantem Tempo. Im Jahr 1928 wird das Noviziat der Franziskaner-Minoriten von Lemberg nach Niepokalanów verlegt. Immer mehr junge Männer treten ein, wollen in Niepokalanów mithelfen. Heute beherbergt das frühere Haus für die Novizen, das sogenannte „Kolbi-

anum“, das unter der Leitung von P. Prof. Dr. Grzegorz Bartosik OFMConv im Dienst der mariologischen Forschung steht.

Im Jahr 1929 beträgt die monatliche Auflage des „Ritters der Immaculata“ bereits mehr als 150.000 Exemplare. Maximilian Kolbe bleibt nüchtern: „Nicht nur ein Satan, sondern die ganze Hölle hat sich bemüht, bemüht sich immer noch und wird sich weiterhin bemühen, unsere Sache von außen zu zerstören und, was noch schlimmer ist, einem jeden von uns an seiner Seele zu schaden“ (zit. nach: Franz Xaver Lesch/Meinrad Sehi: Pater Maximilian Kolbe. Leben – Wirken – Selig- und Heiligsprechung. Echter, 1982, S. 20).

Im Januar und Februar 1930 unternimmt P. Maximilian Kolbe eine Reise nach Westeuropa, um sein nächstes Missionsprojekt vorzubereiten: die Bekehrung Asiens. Während dieser Reise besucht er die Städte Wien, Rom, Padua, Assisi, Turin, Marseille, Lourdes, Paris, Lisieux, Augsburg, Straßburg, Würzburg, Berlin und Thorn (Toruń). Während seiner ganzen Reise im Zug führt er Gespräche mit Mitreisenden und verschenkt jede Menge Wundertätige Medaillen.

# Nagasaki
## Japan

Eigentlich träumt Maximilian Kolbe von der Missionierung Chinas, doch eine weitere „Stadt der Immaculata“, ein zweites Niepokalanów, gründet er in Japan. Am 26. Februar 1930 verlässt Kolbe zusammen mit vier Mitbrüdern aus Niepokalanów den Hafen von Marseille in Richtung Asien. Mit dem Schiff gelangen sie nach Singapur, Hongkong und Shanghai, wo sie sich zwölf Tage aufhalten. Zwei Ordensbrüder bleiben in Shanghai, um dort den „Ritter der Immaculata“ auf Chinesisch zu etablieren. Angesichts der begrenzten Sprachfähigkeiten ein echtes Abenteuer. Maximilian Kolbe und die anderen, darunter der später in Japan wegen seines sozialen Engagements so hochverehrte Bruder Zenon Żebrowski, fahren weiter nach Nagasaki, wo sie am 24. April 1930 eintreffen. Die lange Reise ist für Maximilian Kolbe, wie man sich denken kann, eine enorme körperliche Herausforderung. Seine Atemprobleme verschlimmern sich durch Seekrankheit und Sandstürme.

Der Bischof von Nagasaki, Januarius Kyūnosuke Hayasaka (1883–1959),

erlaubt den Franziskanern, in seiner Diözese mithilfe des „Ritters der Immaculata" zu missionieren, verlangt aber, dass Maximilian Kolbe im Priesterseminar der Diözese Philosophie unterrichtet. Die drei Franziskaner-Minoriten mieten einen Raum in der Nähe der Kathedrale im Stadtteil Oura. Es ist für Maximilian Kolbe sehr anstrengend, jeden Tag die vielen Stufen zur Kathedrale hinaufzugehen. Seine Mitbrüder müssen ihn oft von beiden Seiten stützen. Jedoch schon einen Monat später wird der „Ritter der Immaculata", der auf Japanisch „Seibo no Kishi" heißt, veröffentlicht – in einer Auflage von immerhin 10.000 Exemplaren. Schon wenige Jahre später wird die Auflage bei 70.000 Exemplaren liegen. Das Erfolgsgeheimnis: Die Zeitschrift richtet sich nicht nur an Katholiken, sondern an alle Interessierten.

Im Juni 1930 unternimmt Maximilian Kolbe eine transsibirische Reise mit der Eisenbahn Richtung Lemberg, wo das Provinzkapitel der Franziskaner-Minoriten stattfindet. Dieses Kapitel legt fest, dass P. Maximilian der Prior des neuen Klosters in Nagasaki sein soll, während sein Bruder, P. Alfons Kolbe, zum Prior von Niepokalanów ernannt wird. Es ist die letzte Begegnung der Brüder, denn unmittelbar nach Maximilian Kolbes Rückkehr nach Nagasaki erhält er ein Telegramm aus Polen: Sein Bruder sei tot, „wie ein Heiliger" gestorben, „alles" gehe „weiter wie früher". Maximilian Kolbe ist betroffen, findet dann aber schnell eine marianische Perspektive. Die Immaculata habe den Bruder „zu sich gerufen" (zit. nach: Andre Frossard: Maximilian Kolbe: Vergesst die Liebe nicht. Eine Biografie. Media Maria, 2015).

Im März 1931 beginnen die Franziskaner mit der Errichtung eines eigenen Klosters und einer Druckerei im Stadtteil Hongochi, der etwas entfernt vom Zentrum Nagasakis liegt. „Mugenzai no Sono", was auf Japanisch „Der Garten der Immaculata" bedeutet, entsteht auf einem Hang des Hikosan-Berges (Takaochō 5, 2-2-1 Hongōchi). Die Mitbrüder Kolbes sind über die Lage nicht glücklich. Als zu abgelegen vom Stadtkern empfinden sie diesen Klosterstand-

ort. P. Maximilian Kolbe ist jedoch davon überzeugt, dass der Platz genau richtig sei. Zum Beispiel auch deshalb, um die Landbevölkerung mit dem Evangelium vertraut zu machen. Und tatsächlich: Die Vorsehung macht keinen Fehler. Als die Amerikaner im August 1945 eine Atombombe über der Stadt abwerfen, ist das Kloster dadurch (und natürlich durch den schützenden Mantel der Immaculata) geschützt. Keine Zerstörung. Nur die Fenster des Klosters halten der Druckwelle nicht stand und zerspringen.

Das erste Holzgebäude des Klosters nimmt sich allerdings noch sehr bescheiden aus: Die Wände sind kaum einen Zentimeter breit, die Zellen der Ordensbrüder ziemlich klein. Im Winter sind die Räume des Klosters äußerst kühl.

Im Kloster wird aber auch eine Kapelle eingerichtet, sodass die Mönche nicht mehr zur hl. Messe in die Kathedrale gehen müssen. Neben dem Kloster errichten die Mönche eine kleine Nachbildung der Grotte von Lourdes mit der Figur der Immaculata. Maximilian Kolbe liebt es, vor dieser Figur zu beten.

Von Anfang an gibt es Japaner, die bei der Übersetzung der Artikel für die Zeitschrift helfen. Die Armut der Missionare und ihr selbstloses Engagement beeindrucken die Menschen in Nagasaki. Im Laufe der Zeit bekehren sich immer mehr Einheimische zum Katholizismus. Manche verbinden damit den Wunsch, Priester zu werden. So wird es nötig, ein kleines Ordensseminar zu gründen, was im April 1936 geschieht.

Zuvor, im Jahr 1932, reist P. Maximilian Kolbe nach Indien, um dort die Möglichkeiten für die Gründung einer weiteren „Stadt der Immaculata" zu sondieren. Immerhin will Kol-

be („So viele ‚Ritter' muss man drucken, als es Sprachen gibt") die ganze Welt für Maria erobern. Die Aussichten in Indien sind zunächst gut, doch die Oberen des Ordens zögern. Maximilian Kolbe, für den der Gehorsam an erster Stelle steht, legt alle Pläne in die Hände der Immaculata.

Im Jahr 1933 steht das Provinzkapitel in Krakau auf seinem Terminkalender. Das Kapitel bestimmt, dass der wegen seines schlechten Gesundheitszustandes sehr stark geschwächte Maximilian Kolbe sich nun stärker um die Entwicklung der M.I. kümmern soll. Er wird zum M.I.-Beauftragten für die ganze Welt bestimmt, bleibt aber weiterhin Chefredakteur des „Seibo no Kishi". Der vorhergehende Provinzial P. Kornel Czupryk wurde zum neuen Prior von „Mugenzai no Sono" ernannt. Zusammen kehren beide nach Japan zurück. Im Jahr 1934 wird in der japanischen „Stadt der Immaculata" eine Kirche gebaut.

Im Juli 1936 steht wieder ein Provinzkapitel in Krakau an. Maximilian Kolbe, der ahnt, dass er von dort aus nicht mehr nach Japan zurückkommen wird, verabschiedet sich herzlich von der inzwischen auf fast 50 Personen angestiegenen Gemeinschaft in Nagasaki. Zusammen mit P. Kornel Czupryk reist er nach Krakau. Er sollte tatsächlich nicht mehr nach Japan zurückkehren. Heute ist das Kloster „Mugenzai no Sono" ein Sitz der „Ritter der Immaculata" und der „Kongregation der Franziskanerinnen der Militia Immaculatae", die 1949 von P. Mieczysław Mirochna gegründet wurde. Zusammen mit P. Maximilian war Mirochna nach Japan gekommen.

# Niepokalanów II
## Polen

Das Provinzkapitel des Jahres 1936 in Krakau entscheidet: P. Maximilian Kolbe soll wegen seines labilen Gesundheitszustandes in Polen bleiben – als Prior von Niepokalanów. Zuvor wird er zur Kur nach Zakopane geschickt. Zurück in Niepokalanów, erkennt Kolbe viele Neuerungen. Inzwischen leben 700 Ordensbrüder dort. Die Infrastruktur der polnischen „Stadt der Immaculata" hatte sich während seiner Abwesenheit gewaltig verändert. Es gibt einen eigenen Bauernhof, eine Bäckerei, eine Molkerei, sogar eine Feuerwehr, einen Zahnarzt und sogar ein kleines Krankenhaus. Dazu eine Münzfabrik, in der die für die Evangelisierung so hilfreichen Wundertätigen Medaillen geprägt werden. Damit nicht genug. Auch eine Schneiderei und ein Schusterbetrieb gehören zur Stadt. Und natürlich auch ein Friedhof, auf dem man heute die Gräber von zwei Männern sehen kann, die nicht zu den Franziskaner-Minoriten gehörten: das Grab von Fürst Jan Drucki-Lubecki, dem edlen Spender des Grundstücks, und das Grab von Franciszek Gajowniczek, für den Maximilian Kolbe in Auschwitz sein Leben aufopferte.

Das Herzstück des Klosters bildet neben der Kapelle die Druckerei. Dort wird der „Ritter der Immaculata“ inzwischen in einer Auflage von 742.000 Exemplaren produziert. Ferner wird dort für Kinder der bereits erwähnte „Kleine Ritter der Immaculata“ (Mały Rycerzyk Niepokalanej) hergestellt – inzwischen in einer Auflage von 146.000 Exemplaren. Auch die „Kleine Tageszeitung“ (Mały Dziennik), die als katholische Tageszeitung an Werktagen in einer Auflage von über 100.000 Exemplaren erscheint und an Festtagen sogar eine Auflage von mehr als 200.000 Exemplaren vorweisen kann, ist ein großer publizistischer Erfolg, der sogar säkulare Medienleute neidisch machte.

Maximilian Kolbe weiß, wem er diesen Erfolg zu verdanken hat. Im September 1936 installiert er zusammen mit anderen Ordensbrüdern eine Figur der Immaculata auf dem Bahnhof Teresin-Niepokalanów, sodass jeder, der ankommt, sofort weiß, wer hier den Fahrplan des Erfolges bestimmt: die Gottesmutter. Die Figur der Gottesmutter steht bis heute dort, wo sie von Kolbe hingestellt wurde.

# Niepokalanów II
## Polen

Im Jahr 1936 kauft P. Maximilian Kolbe zusätzlich ein im Wald gelegenes Grundstück, ungefähr zwei Kilometer von Niepokalanów entfernt (ul. Teresińska 32, Teresin). Man nennt es „Niepokalanów Lasek“ (Niepokalanów-Wäldchen). Hier können die Mönche sich etwas ausruhen und bei etwas Sport und Spaziergängen regenerieren. Heutzutage beherbergt das Gebäude in Niepokalanów Lasek das Nationale Zentrum der M. I.

Am Anfang des Jahres 1937 verrät P. Maximilian Kolbe den Mitbrüdern, was für ihn jenseits der irdischen Erfolge am wichtigsten ist. Dabei deutet er an, dass er in Japan erneut eine Erscheinung der Gottesmutter gehabt habe: „Ich habe euch gesagt, dass ich sehr glücklich und voll Freude bin. Und zwar deshalb, weil mir der Himmel mit großer Gewissheit sicher ist. Liebe Kinder, liebt die Immaculata, liebt sie so sehr, wie ihr es könnt und vermögt! (…) Ich kann euch sagen, dass es in Japan war. Mehr werde ich euch nicht sagen und fragt mich nicht nach diesen Dingen“ (Asketische Konferenzen, 10. Januar 1937).

Im Mai 1937 werden die ersten Pläne zum Bau eines Flughafens in Niepokalanów gemacht. Hintergrund: P. Maximilian Kolbe will die Auslieferung der Zeitung und der Zeitschriften verbessern. Zwei Ordensbrüder absolvierten aus diesem Grund eine Pilotenausbildung. Bevor der Flughafen starten kann, durchkreuzt der Zweite Weltkrieg diese innovativen Pläne. Immerhin: Das bereits existierende Flughafengelände wird 1983 als Landeplatz für den Hubschrauber von Papst Johannes Paul II. dienen, als dieser Niepokalanów besucht.

Eine andere Innovation: Am 8. Dezember 1938, also am Festtag der Unbefleckten Empfängnis, wird die erste Radiosendung von Radio Niepokalanów (SP 3 RN – Stacja Polska 3, Radio Niepokalanów) ausgestrahlt.

Ende des Jahres 1938 wird der „Ritter der Immaculata“ in einer Auflage von einer Million gedruckt, dazu 440.000 Kalender, 170.000 Exemplare des „Kleinen Ritters der Immaculata“ und 12.000 Exemplare des „Miles Immaculatae“, der lateinischen Ausgabe des „Ritters“, die als internationales theologisches Forum dient.

Im Juni 1939 beginnen die Bauarbeiten für das Fundament der Basilika in Niepokalanów. Viel Holz wird bestellt und zum Kloster geliefert. Doch der Krieg durchkreuzt die weiteren Bauarbeiten. Das Holz wird von deutschen Soldaten konfisziert. Gleich nach dem Zweiten Weltkrieg jedoch, zwischen 1948 und 1954, entsteht die heutige Basilika. Sie besticht durch ihren modernistischen Stil und bietet bis zu 5 000 Menschen Platz. Im Altarbereich befindet sich eine große Immaculata-Figur. Links vom Altar gibt es eine Kapelle, die Maximilian Kolbe geweiht ist. Rechts lädt ein Bild des hl. Johannes Paul II. die Besucher zum meditativen Verweilen ein.

# Niepokalanów II
Polen

Die Ereignisse des Jahres 1939, die zunehmende außenpolitische Aggressivität Hitlers, kann die „Mały Dziennik"-Redaktion in Niepokalanów nicht ignorieren. So wie zu Beginn der 1930er-Jahre die Zeitung „Der gerade Weg" unter der Ägide des Märtyrers Fritz Gerlich in Deutschland veröffentlicht die polnische Zeitung in Niepokalanów unter der Ägide von Maximilian Kolbe eine Serie von Hitlerkarikaturen. Im August 1939 erscheint der „Ritter der Immaculata" vorläufig zum letzten Mal, am 1. September 1939 wird Polen vom nationalsozialistischen Deutschland angegriffen.

Als P. Maximilian Kolbe sieht, wie die deutschen Truppen das Land im „Blitzkrieg"-Verfahren erobern, befiehlt er, alle „Mały Dziennik"-Exemplare zu verbrennen. Kolbe erhält als Prior von Niepokalanów den Auftrag, die Ordensgemeinschaft zu evakuieren. Von 13 Priestern, 622 Ordensbrüdern, 15 Novizen und 122 Schülern des sogenannten Kleinen Seminars, das für das Ordensleben vorbereitete, bleiben nur 38 Franziskaner-Minoriten in Niepokalanów. Diese werden am 19. September 1939 von der Wehrmacht interniert. Man ist skeptisch gegenüber den Ordensbrüdern von Niepokalanów, denn die Gestapo ist nach der Besatzung Polens auf die Hitlerkarikaturen aufmerksam geworden. Zuerst kommen die Brüder ins Lager Lamsdorf (Łambinowice), dann nach Amtitz (Gębice) und schließlich nach Schildberg (Ostrzeszów), wo die Mönche bis zum 8. Dezember, dem Festtag der Immaculata, bleiben. An diesem Tag lässt man sie frei, sodass sie bereits am nächsten Tag Niepokalanów erreichen. Von nun an finden Tausende von vertriebenen Polen, darunter sind auch viele Juden, Zuflucht in der Klosterstadt. Ende des Jahres 1940 erlauben die Nazibesatzer, den „Ritter der Immaculata" zu drucken. Es ist das einzige Exemplar der Zeitschrift, das während des Zweiten Weltkrieges erscheint.

Am 17. Februar 1941 geschieht Folgendes: Am Morgen, während P. Maximilian in seinem Büro im ersten Stock arbeitet, klingelt um 9.45 Uhr das Telefon. Es ist der Pförtner, der ihn darüber informieren will, dass gerade zwei Autos mit dem Zeichen POL (Polizei) angekommen seien. Fünf Männer sind in den Autos, da-

runter ein Gestapo-Mann. Nach einer kurzen Besichtigung des Klosters, die mehr einer Kontrolle gleicht, wird P. Maximilian Kolbe um 11.50 Uhr erneut festgenommen – zusammen mit vier anderen Franziskaner-Minoriten: Zwei von ihnen, P. Pius Bartosik und P. Antoni Bajewski, sind 1999 als Märtyrer des Zweiten Weltkrieges seliggesprochen worden. Den steinigen Weg, den P. Maximilian Kolbe von seinem Büro bis zur damaligen Pforte zu gehen hat, kann man heute noch sehen. Es ist das letzte Mal, dass er diesen Weg geht. Er wird nicht mehr nach Niepokalanów zurückkehren.

Im Kloster Niepokalanów gibt es ein Museum, in dem man viele inter-

essante Objekte und Dokumente, die mit dem Leben und Wirken P. Maximilians verbunden sind, besichtigen kann.

# Pawiak
Polen

Der Pawiak ist ein berüchtigtes Gestapogefängnis im Zentrum von Warschau, in direkter Nähe zum Warschauer Ghetto (ul. Pawia 21/23). Maximilian Kolbe wird hier zusammen mit 20 Gefangenen in der Abteilung VI. (Zelle 103) untergebracht. Bald nach seiner Festnahme wird er von einem SS-Mann wegen seines Rosenkranzes heftig verprügelt.

Am 26. Februar 1941 verfassen 20 Ordensbrüder in Niepokalanów auf Deutsch ein Bittgesuch, das sie an den Hauptsitz der Gestapo in Warschau richteten: „Wir, die Unterzeichner, wenden uns hiermit an das Polizeipräsidium und bitten höflich darum, dass sie uns festnehmen, zum Tausch für unsere fünf Patres.“ Für die Gestapo war Maximilian Kolbe aber wichtiger als alle Franziskaner-Minoriten von Niepokalanów zusammen. Er galt als publizistischer Drahtzieher, als wichtiger geistiger Kopf der von den Nazis so gehassten polnischen Kirche. Die Petition wird abgelehnt. Unter den Gefangenen übernimmt P. Maximilian Kolbe seelsorgerliche Aufgaben. Er hört die Beichte, spendet – wenn dies möglich ist – die hl. Kommunion. Anfang April erkrankt er an einer Lungenentzündung und kommt

auf die Krankenstation. Während er krank ist, werden die anderen vier Franziskaner-Minoriten, mit denen er verhaftet worden ist, nach Auschwitz abtransportiert. Als es ihm gesundheitlich wieder besser geht, erhält P. Maximilian Kolbe eine Stelle in der Bibliothek des Pawiak. Am 28. Mai 1941 wird auch er nach Auschwitz abtransportiert.

# Auschwitz
## Polen

Am gleichen Tag kamen die Gefangenen mit dem Zug im Konzentrationslager (KZ) von Auschwitz (pl. Oświęcim) an (ul. Więźniów Oświęcimia 20). Dort werden sie von dem makaberen Schriftzug auf dem Haupttor begrüßt: „Arbeit macht frei“. Den Gefangenen werden Häftlingsanzüge gegeben und eine KZ-Nummer auf den Unterarm tätowiert. P. Maximilian Kolbe bekommt die Nummer 16.670. Anstelle des Dienstes in der Bibliothek muss er nun schwere Holzbalken tragen. An einem Tag wird er vom Aufsicht führenden Häftling (Kapo) verprügelt – nur deshalb, weil er Priester war. Die Mithäftlinge bringen ihn daraufhin zur Krankenstation. Am 15. Juli 1941 darf P. Maximilian Kolbe auf Deutsch einen Brief an seine Mutter schreiben. Es ist sein letzter Brief an sie: „Meine liebe Mutter. Mit einem Transport am Ende des Monats Mai bin ich zu Auschwitz (Oświęcim) Lager gekommen. Bei mir ist alles gut. Sei, liebe Mutter, ruhig über mich und meine Gesundheit, weil der liebe Gott ist in jedem Orte und denkt mit großer Liebe über alle und alles. Es wäre gut, mir vor meinem noch einen Brief noch nicht zu schreiben,

weil ich weiß nicht, wie lange ich hier bleiben werde. Mit herzlichen Grüßen und Küssen: Kolbe, Raimund" (vgl. Kinga Strzelecka OSU, Maksymilian M. Kolbe, 1979).

Am 29. Juli 1941 flüchtet ein Häftling aus dem KZ. Da man ihn bis zum nächsten Tag nicht auffinden kann, wird der ganze Block 14, in dem der Geflüchtete untergebracht war, zum Appell geordert. 600 Häftlinge müssen zehn Stunden in der glühenden Sonne stehen. Dann tritt Obersturmbahnführer Karl Fritsch auf. Der Lagerführer. Zehn Männer werden bestimmt, die zur Strafe für den Ausbrecher in den Hungerbunker gehen sollen, was den sicheren Tod bedeutet. Einer der ausgewählten Männer ist Franciszek Gajowniczek, ein 40-jähriger Soldat der polnischen Armee, der um Erbarmen fleht, weil er verheiratet sei und Kinder habe. Da tritt P. Maximilian Kolbe aus seiner Reihe. Obersturmbahnführer Fritzsch bemerkt es und schreit: „Halt! Was ist los? Was will dieses Polenschwein?" P. Maximilian Kolbe antwortet auf Deutsch: „Ich will anstelle des ausgewählten Häftlings in den Bunker gehen." „Was? Bist du verrückt? Wer bist du?", fragt ihn Lagerführer Fritsch. „Ich bin ein katholischer Priester", antwortete Kolbe. Diese Entschlossenheit und dieser Mut beeindrucken Fritsch, der P. Maximilian Kolbe fragt, für wen er sterben wolle. „Für den Mann, der Frau und Kinder hat", antwortet P. Maximilian und fügt hinzu, dass er selbst schon alt und krank sei und von niemand gebraucht werde.

Lagerführer Fritsch stimmt zu. Zusammen mit den neun anderen ausgewählten Häftlingen kommt P. Maximilian Kolbe in den Block 13 (der später die Nummer 11 erhält). Vor dem Eintreten in die Zelle 18 müssen sich die Häftlinge ausziehen. Die Zelle befindet sich im Kellergeschoss. Sie ist klein, dunkel und kalt. Die Häftlinge hocken sich auf den Steinboden, denn es gibt nicht genug Platz, um sich hinzusetzen. Während der ersten Tage, als die Häftlinge noch Kraft haben, beten sie den Rosenkranz und singen Kirchenlieder. Alles unter Leitung von P. Maximilian Kolbe. Er tröstet sie bis zum Ende. Am 14. August sind fast alle Häftlinge in der Zelle 18 tot. Nur P. Maximilian und zwei andere Häftlinge leben noch. Die Nazis wollen nicht länger warten und verabreichen den drei noch lebenden Insassen des Hungerbunkers Phenolspritzen. Danach werden die Leichen im Krematorium verbrannt. P. Maximilian Kolbe, der sein ganzes Leben in den Dienst der Immaculata gestellt hat, stirbt am Vorabend des Festes Mariä Himmelfahrt.

Sein leiblicher Bruder Franz wird 1943 festgenommen und nach Auschwitz transportiert. Von dort aus bringt man ihn zum KZ Mittelbau-Dora, wo er 1945 stirbt. P. Maximilian Kolbes Mutter Marianna stirbt am 17. März 1946 in Krakau.

1948 bittet der Bischof von Nagasaki, Paul Yamaguchi, Papst Pius XII. in einem Brief darum, P. Maximilian Kolbe seligzusprechen. Während des Konzils setzen sich sowohl die Polnische Bischofskonferenz wie auch die Deutsche Bischofskonferenz für die Seligsprechung Kolbes ein. Am 17. Oktober 1971, dem Jahrestag der Gründung der Militia Immaculatae, spricht Papst Paul VI. Maximilian Kolbe im Petersdom selig. Am 10. Oktober 1982 wird P. Maximilian von Papst Johannes Paul II. heiliggesprochen. Der polnische Papst, der aus seiner Bewunderung für Maximilian Kolbe nie einen Hehl gemacht hat, sagt bei seiner Ansprache aus Anlass der Heiligsprechung: „So habe ich kraft meiner apostolischen Vollmacht beschlossen, dass Maximilian Kolbe, der von seiner Seligsprechung an als Bekenner verehrt wurde, nunmehr auch als Märtyrer verehrt werde!“ (zitiert nach: Lesch/Sehi: Pater Maximilian Kolbe, S. 62). Die Vision des Kindes, die Vision der zwei Kronen hat sich damit erfüllt. Am 16. Oktober 1997 wird die Militia Immaculatae vom Heiligen Stuhl als Internationaler Verein von Gläubigen päpstlichen Rechts anerkannt. Sie zählt heute weltweit mehr als 4 Millionen Mitglieder.

CELA, W KTÓREJ W 1941 R. UMIERALI WIĘŹNIOWIE
SKAZANI NA ŚMIERĆ GŁODOWĄ W REZULTACIE
STOSOWANIA ODPOWIEDZIALNOŚCI ZBIOROWEJ ZA
UCIECZKĘ. JEDNYM Z NICH BYŁ POLSKI KSIĄDZ
O. MAKSYMILIAN KOLBE, KTÓRY POŚWIĘCIŁ SWOJE
ŻYCIE DLA RATOWANIA INNEGO WIĘŹNIA.
CELL IN WHICH IN 1941 DIED PRISONERS SENTENCED
TO DEATH BY STARVATION AS A RESULT OF COLLECTIVE
RESPONSIBILITY FOR ESCAPES. ONE OF THEM WAS
FATHER MAXIMILIAN KOLBE, THE POLISH PRIEST WHO
SACRIFICED HIS LIFE TO SAVE ANOTHER PRISONER.

# Lebensdaten des hl. Maximilian Kolbe

*8. Januar 1894:* Geburt in Zduńska Wola bei Lodz

*1910:* Eintritt ins Noviziat der Franziskaner-Minoriten in Lemberg

*1912–1919:* Hochschulstudien in Rom mit Doktorat in Philosophie und Theologie

*16. Oktober 1917:* Gründung der M. I. (Militia Immaculatae)

*28. April 1918:* Priesterweihe

*ab 1919:* Rückkehr nach Polen und allmählicher Beginn des erfolgreichen Presseapostolats („Ritter der Immaculata“, „Kleine Zeitung“).

*1927:* Gründung der Klosterstadt Niepokalanów (Stadt der Immaculata) bei Warschau

*1931:* Errichtung des Konvents Mugenzai no Sono („Garten der Immaculata“) in Nagasaki

*ab 1936:* Oberer von Niepokalanów

*1941:* nach Festnahme und Gefängnis in Warschau (Pawiak), Transport ins Konzentrationslager Auschwitz.

*14. August 1941:* Tod durch Giftspritze im Hungerbunker des Lagers.

*17. Oktober 1971:* Seligsprechung durch Papst Paul VI.

*10. Oktober 1982:* Heiligsprechung durch Papst Johannes Paul II.

# MI-Statuten

Am 16. Oktober 1917 verfasste Maximilian Kolbe handschriftlich und auf Latein die Gründungsurkunde der Militia Immaculatae. Die Statuten lauten übersetzt wie folgt:

„I. Ziel: Sich einsetzen für die Bekehrung der Sünder und der Häretiker, für die Heimholung der Schismatiker und der Juden, besonders aber für die Bekehrung der Freimaurer; und: die Heiligung aller Menschen erstreben unter der Schutzherrschaft und durch die Vermittlung der Immaculata.

II. Bedingungen: 1. Ganzhingabe seiner selbst an die Unbefleckte Jungfrau Maria als Werkzeug in ihren reinsten Händen. 2. Die ‚Wunderbare Medaille‘ bei sich tragen.

III. Mittel: 1. Sich einmal am Tag mit dem folgenden Gebet an die Unbefleckte Jungfrau Maria wenden: ‚Maria, die du ohne Sünde empfangen wurdest, tritt für uns ein, die wir zu dir unsere Zuflucht nehmen, und setze dich flehend ein für alle, die nicht zu dir kommen, besonders für die Freimaurer.‘ 2. Den jeweiligen Möglichkeiten entsprechend mit allen erlaubten Mitteln arbeiten. Dabei sind Stand, Voraussetzungen und Umstände zu berücksichtigen, und ein jeder muss mit Eifer und Klugheit vorgehen.“

Darüber hinaus legte P. Maximilian Kolbe großen Wert darauf, die Wundertätige Medaille zu tragen und diese zu verteilen, um die Menschen durch die Jungfrau Maria zu Jesus zu führen.

# Weihegebet

**an die Unbefleckte Empfängnis**

**(Hl. Pater Maximilian Kolbe)**

Nimm gnädig meinen Lobpreis an, o gebenedeite Jungfrau!
Unbefleckte Empfängnis,
Königin des Himmels und der Erde,
Zuflucht der Sünder und innig geliebte Mutter,
der Gott den ganzen Schatz der Barmherzigkeit anvertrauen wollte.
Hier bin ich zu deinen Füßen,
ich armer Sünder,
und bitte dich inständig:
Nimm mich ganz an als dein Gut und Eigentum.
Mache mit mir, was dir gefällt,
mit meiner Seele und mit meinem Leib,
mit meinem Leben, meinem Tod und meiner Ewigkeit.
Vor allem verfüge über mich, wie du es wünschst,
damit sich endlich erfülle, was von dir gesagt wird:
„Die Frau wird der Schlange den Kopf zertreten" und:
„Du allein wirst die Irrlehren in der ganzen Welt besiegen."
In deinen ganz reinen Händen, so reich an Barmherzigkeit,
möge ich ein Werkzeug deiner Liebe werden,
das fähig ist, viele laue und vom Weg abgekommene Seelen
neu zu entfachen und zur vollen Freude zu führen.
So möge sich ohne Ende die Herrschaft des Göttlichen Herzens Jesu ausbreiten.
Wahrhaftig, deine bloße Gegenwart zieht die Gnaden an,
die die Seelen bekehren und heiligen,
da ja die Gnade aus dem Göttlichen Herzen Jesu
auf uns alle überströmt,
indem sie durch deine mütterlichen Hände fließt.
Amen.

# Novene zu Ehren des heiligen Maximilian Kolbe

**Gebet aus Anlass einer Novene:**
Heiliger Maximilian Kolbe, erfüllt von der Liebe Gottes, strahlend durch das Licht der Unbefleckten Jungfrau, du hast dem Volk Gottes zahlreiche Formen des Apostolats gezeigt, für den Sieg des Guten und die Verkündigung des Himmelreiches in der ganzen Welt. Erbitte für uns das Licht und die Kraft, dass wir das Gute tun können und andere Menschen zu Christus führen. Erflehe beim Herrn die Gnade für uns, sodass wir mit dem gleichen Eifer der Liebe durch Wort und Tat von Christus Zeugnis geben unter unseren Mitmenschen und zusammen mit Dir Gott in Ewigkeit schauen. Amen.

*Vater unser* *Ave Maria* *Ehre sei dem Vater*

*Maria, die Du ohne Sünde empfangen wurdest, tritt für uns ein, die wir zu Dir unsere Zuflucht nehmen, und setze Dich flehend ein für alle, die nicht zu Dir kommen, besonders für die Feinde der heiligen Kirche, und die Dir Anempfohlenen.*

**Heiliger Maximilian Kolbe, bitte für uns!**

### 1. Tag (5. August)

*„Damit die Blumen der Tugenden in unserer Seele aufblühen können, müssen sie mit der Wärme der Unbefleckten Mutter aufgewärmt werden" (Maximilian Kolbe).*
Heiliger Maximilian Kolbe, kümmere Dich um unsere Familien und setze Dich für sie ein, damit sich in ihnen die Tugenden der Gottes- und Nächstenliebe entwickeln.

### 2. Tag (6. August)

*„Versuchen wir, die Liebe zur Immaculata immer mehr zu vertiefen, und wenden wir uns ihr ständig zu wie Kinder zu ihrer Mutter" (Maximilian Kolbe).*
Heiliger Maximilian Kolbe, der Du Dein Leben freiwillig geopfert hast, sodass Kinder nicht zu Waisen werden, sei unser Fürsprecher und hilf uns, Kinder Gottes zu sein.

### 3. Tag (7. August)

*„Der Mensch will groß, weise, reich, berühmt, glücklich, liebend und geliebt sein. Aber kein Glück auf dieser Erde kann ihn befriedigen, weil er nur Gott allein möchte" (Maximilian Kolbe).*

Heiliger Maximilian Kolbe, klug und von Freude erfüllt, erbitte für uns die Gnade bei Gott, dass wir das wirklich Gute wählen und es genießen können.

### 4. Tag (8. August)

*„Die Vorsehung Gottes, in ihrer unbegrenzten Barmherzigkeit, hat in einem für meine Berufung kritischen Moment durch die Immaculata meine Mutter ins Sprechzimmer geschickt. Auf diese Weise hat Gott das Netz des Teufels zerrissen" (Maximilian Kolbe).*

Heiliger Maximilian Kolbe, Deinem Schutz empfehlen wir die Wahl unseres Standes an. Du bist durch Schwierigkeiten und Zaudern gegangen, deshalb wirst Du uns verstehen und helfen. Wir bitten Dich demütig darum.

### 5. Tag (9. August)

*„Die Zeit der jetzigen Arbeit ist eine Zeit der Vorbereitung für den zukünftigen Kampf unter der Fahne der Immaculata. Vergeblich würdet ihr den Kopf mit zahlreichen schönen und wichtigen Informationen füllen, wenn euch die innere, kindliche Beziehung zur Immaculata fehlen würde" (Maximilian Kolbe).*

Heiliger Maximilian Kolbe, der Du so gut die Bedeutung der Wissenschaft verstanden hast, hilf uns dabei, dass unser Lernen unseren Seelen, der Kirche und der Heimat dienen möge.

### 6. Tag (10. August)

*„Lieben wir die Immaculata ganz praktisch, indem wir unsere Pflichten gut erfüllen, denn dies ist ihr Wille und der Wille des Herrn" (Maximilian Kolbe).*

Heiliger Maximilian Kolbe, treibe uns dabei an, unsere Arbeit sorgfältig und fröhlich auszuüben und schütze uns davor, unsere Pflichten zu vernachlässigen.

### 7. Tag (11. August)

*„Wenn die Liebe uns umfängt und erfüllt, werden Opfer zur Notwendigkeit der Seele. Aus dem Opfer entsteht die geistige Freude" (Maximilian Kolbe).*

Inspiriert von Dir, heiliger Maximilian Kolbe, opfern wir der Immaculata unsere Mühen und Leiden auf. Hilf uns, sie zu erdulden.

### 8. Tag (12. August)

*„Das Gebet, vor allem das Gebet, ist die erfolgreichste Waffe im Kampf für die Freiheit und das Glück der Seelen“ (Maximilian Kolbe).*
Als vorbildlicher Beter, heiliger Maximilian Kolbe, hilf uns, das Geschenk des Gebets zu verstehen und anzuwenden, zur Heiligung unserer eigenen Seelen und der Seelen der anderen Menschen.

### 9. Tag (13. August)

*„Wer die Immaculata selbstlos liebt, der wird erlöst werden, sich heiligen und anderen bei der Heiligung helfen“ (Maximilian Kolbe).*
Heiliger Maximilian Kolbe, der Du Dein ganzes Leben bis zum heroischen Tod mit der Immaculata gegangen bist, hilf auch uns, unter dem Schutz der Unbefleckten Mutter in die Ewigkeit hinüberzugehen.
Königin des Himmels, stärke in uns den Glauben an die Auferstehung und das ewige Leben.

## Litanei zum heiligen Maximilian Kolbe

V/A Herr, erbarme dich.
V/A Christus, erbarme dich.
V/A Herr, erbarme dich.

V Christus, höre uns.
A Christus, erhöre uns.

V Gott Vater im Himmel, erbarme dich unser.
Gott Sohn, Erlöser der Welt, erbarme dich unser.
Gott Heiliger Geist, erbarme dich unser.
Heiliger dreifaltiger Gott, erbarme dich unser.

V
Heiliger Maximilian Kolbe, bitte für uns.
Du großer Liebhaber Gottes
Du furchtloser Ritter der Immaculata
Du Apostel der unbefleckten Vermittlerin aller Gnaden
Du Gründer der Militia Immaculatae
Du Apostel der Wundertätigen Medaille
Du mutiger Verkünder des Königreiches der Immaculata
Du Vorbild des Ordenslebens
der Du den Märtyrertod wolltest
Du eifriger Apostel Japans
voll der Hingabe für die Kranken und Unglückseligen
Eroberer der Seelen für die Immaculata
der Du den Menschen ein Vorbild gegeben hast.

V
Heiliger Maximilian Kolbe, bitte für uns.
Liebhaber des Gebets
Vorbild des unerschütterlichen Vertrauens
der Du die Menschen mit Güte und Freude angezogen hast
der Du die Bekehrung der Sünder wolltest
der Du die Vereinigung aller Gläubigen mit Christus in der Kirche wolltest
der Du die Bekehrung der Heiden wolltest
der Du die Mitmenschen in Gott geliebt hast
Liebhaber der Kasteiung und der Buße
Vorbild des Gehorsams
Liebhaber der Armut und Schlichtheit

Vorbild der himmlischen Keuschheit
Verteidiger der guten Sitten.

V
Heiliger Maximilian Kolbe, bitte für uns.
Verkünder der Wiedergeburt der polnischen Nation
Verteidiger des heiligen Glaubens
Apostel der katholischen Presse
Apostel des guten Vorbilds
Vorbild beim Erdulden von Leiden
Vorbild bei der Vergebung der Feinde
der Du den Mithäftlingen Mut gegeben hast
der Du das Leben für die Familie aufgeopfert hast
der Du den Verurteilten den priesterlichen Dienst geleistet hast
Märtyrer von Auschwitz
Stolz der polnischen (europäischen) Erde
berühmt in der ganzen Welt
Unser großer Fürsprecher im Himmel.

V Lamm Gottes, du nimmst hinweg die Sünde der Welt, verschone uns, o Herr.

V Lamm Gottes, du nimmst hinweg die Sünde der Welt, erhöre uns, o Herr.

V Lamm Gottes, du nimmst hinweg die Sünde der Welt, erbarme dich unser.

V Lasset uns beten: Allmächtiger, barmherziger Gott, der Du das Herz des heiligen Maximilian Kolbe mit der Liebe zur Immaculata entzündet hast und ihn zu ihrem großen Ritter und zum Werkzeug der Verkündigung Deines Reiches gemacht hast, entzünde auch unsere Herzen mit dieser Liebe und dem Geist der Aufopferung, sodass wir immer Deine Ehre in unserem Leben suchen. Darum bitten wir durch Christus, unsern Herrn. Amen.

# Literaturnachweis

Udo Fischer OSB: Maximilian Kolbe. Würzburg 2010.

Claude R. Foster: Rycerz Maryi. Misja i męczeństwo Św. Maksymiliana Marii Kolbego. Niepokalanów 2007.

Claude R. Foster/Brigitte Otterpohl: Maximilian Kolbe: „Hass ist nicht schöpferisch, nur die Liebe ist es". Görlitz 2012.

Franziskaner-Minoriten von Niepokalanów (Hg.): Nowenny i modlitwy za wstawiennictwem Świętego Maksymiliana Marii Kolbego (dt. Novenen und Gebete zum heiligen Maximilian Maria Kolbe). Niepokalanów 2000.

André Frossard: Maximilian Kolbe. Vergesst die Liebe nicht. Eine Biographie. Illertissen 2015.

Franz Xaver Lesch/Meinrad Sehi: Pater Maximilian Kolbe. Leben – Wirken – Selig- und Heiligsprechung. Würzburg 1982.

MI – Deutschland (Hg.): P. Maximilian M. Kolbe. Würzburg (Broschüre).

Andreas Murk/Konrad Schlattmann: Maximilian Kolbe. Märtyrer der Nächstenliebe. Würzburg 2011.

Kinga Strzelecka OSU: Maksymilian M. Kolbe. Für andere leben und sterben. Leipzig 1982.

P. Gabriel Weiler (Hg.): Nur die Liebe baut auf. Maximilian Kolbe 1894–1941. Köln (Broschüre).

Maria Winowska: Pater Maximilian Kolbe – Ein Leben im Dienst der Immaculata. München 1952.

# Web-Links

http://www.pro-immaculata.de

www.mi-international.org

## Zu den Autoren

*Dr. Anna Meetschen,* geboren 1980 in Warschau. Diplom für Tourismus. Magister in Italianistik an der Warschauer Universität. Promotion über Papst Pius XI. an der Kardinal-Stefan-Wyszyński-Universität. Langjährige Tätigkeit als Übersetzerin (u. a. „Darum ist er heilig – Der wahre Johannes Paul II." von Slawomir Oder, fe-Medienverlag, 2014; „Ich bin ganz in Gottes Hand. Persönliche Notizen 1962–2003" von Johannes Paul II., Herder, 2014).

*Dr. Stefan Meetschen,* geboren 1969 in Duisburg. Diplom der Gesellschafts- und Wirtschaftskommunikation an der Hochschule der Künste Berlin. Promotion in Kulturwissenschaften an der Warschauer Hochschule für Sozialpsychologie. Kultur-Korrespondent der katholischen Tageszeitung „Die Tagespost", Kolumnist beim „VATICAN magazin" („Literatur mit Geist und Seele"). Im fe-Medienverlag sind u. a. von ihm erschienen: „Europa ohne Christus?" (5. erweiterte Auflage, 2011), „Digitale Spiritualität" (2012) und „Ein gerader Weg: Der katholische Journalist, Widerstandskämpfer und Märtyrer Fritz Gerlich" (2015).

## Fotonachweis

Cover: dpa
Zduńska Wola: Meetschen
Pabianice: Meetschen
Lemberg: Anna Pronenko
Kalwaria Pacławska: Meetschen
Krakau: Meetschen
Rom: Meetschen
Zakopane: Meetschen
Nieszawa: Meetschen
Hrodna: Anna Pronenko
Niepokalanów I: Meetschen
Nagasaki: Archiv der Kongregation der Schwestern der Militia Immaculatae
Niepokalanów II: Meetschen
Pawiak: Meetschen
Auschwitz: Meetschen

# Ebenfalls im Fe-Medienverlag erschienen

Sie gehört zu den bekanntesten Heiligen der Weltkirche: die polnische Ordensschwester Faustina (1905–1938). Millionen Menschen haben ihr „Tagebuch“ gelesen, in dem sie von ihren Erfahrungen mit der Göttlichen Barmherzigkeit berichtet. Weltweit wird das Bild Jesu, das auf Grundlage ihrer Visionen gemalt wurde, verehrt. Wenig weiß man hingegen über ihr Leben. Wo sie zur Welt kam und aufwuchs, wo sie arbeitete und betete. Dieses Buch nimmt den Leser mit auf eine spannende Reise. Die Lebensreise einer großen Mystikerin. Ihr Leben in Bilde.

**64 Seiten, viele Farbbilder, 5,00 €**

Der Reiseführer „Auf den Spuren von Johannes Paul II. in Polen“ macht deutlich, wo dieser Jahrtausendpapst seine Wurzeln hat. Wo er aufwuchs, wo seine Berufung Gestalt annahm. In Wadowice, Kalwaria Zebrzydowska, Krakau, Niegowic, Tschenstochau, Lublin und Warschau. Meetschen führt den Leser dabei nicht nur einfühlsam von Station zu Station, er lässt den Papst mit Zitaten auch selbst zu Wort kommen. Mit Erinnerungen und Reflexionen, die von aktuellen Fotoaufnahmen begleitet werden.

**96 Seiten, viele Farbbilder, 7,80 €**

Bestellen bei: Fe-Medienverlag, Hauptstraße 22, 88353 Kißlegg
Tel. 07563 / 92006, Fax 07563 / 3381, info@fe-medien.de, www.fe-medien.de